NORDRHEIN WESTFÄLISCHE AKADEMIE DER WISSENSCHAFTEN

Nordrhein-Westfälische Akademie der Wissenschaften

Natur-, Ingenieur- und Wirtschaftswissenschaften Vorträge · N 450

Herausgegeben von der
Nordrhein-Westfälischen Akademie der Wissenschaften

KLAUS HEINLOTH

Energie für die Zukunft

Notwendigkeiten – Möglichkeiten – Verantwortung

Westdeutscher Verlag

Öffentliche Akademie-Vortragsveranstaltung
am 10. November 1999 in Düsseldorf

Die Deutsche Bibliothek – CIP-Einheitsaufnahme

Ein Titeldatensatz für diese Publikation ist bei Der Deutschen Bibliothek erhältlich.

Der Westdeutsche Verlag ist ein Unternehmen der Fachverlagsgruppe BertelsmannSpringer.

Gedruckt auf säurefreiem Papier.
Herstellung: Westdeutscher Verlag

ISSN 0944-8799
ISBN 978-3-531-08450-3 ISBN 978-3-322-88649-1 (eBook)
DOI 10.1007/978-3-322-88649-1

Inhalt

Rahmenbedingungen 7
Entwicklungsstufen der Menschheit 7
Wieviel Energie? 9
Wie effizient kann man Energie nutzen? 10
Wieviele Menschen – im erwerbstätigen Alter –
werden künftig wieviel wirtschaftliche Produktivität erarbeiten? 12
Wieviel Energie wird die Menschheit dann künftig brauchen? 14
Notwendigkeiten 15
Möglichkeiten für die künftige Bereitstellung der benötigten
Sekundär-Energien Strom, Treibstoffe und Wärme 20
Erneuerbare Energien 20
Atomkern-Spaltungs-Energie 26
Atomkern-Fusions-Energie 30
Verantwortung 30

Literatur 37

Rahmenbedingungen

Entwicklungsstufen der Menschheit

Die Entwicklung der Menschheit, ihrer Kulturen, basierte immer auf natürlichen Gegebenheiten und auf Menschen mit Visionen und Konzepten zur Realisierung ihrer Visionen. Dabei kann man bislang zwei markante Entwicklungsstufen erkennen (Abb. 1):

Die erste Stufe wurde vor 10.000 Jahren erklommen, beim ziemlich abrupten Übergang aus der letzten Eiszeit in die heutige Warmzeit. In der Eiszeit war in unseren Breiten das Leben der wenigen Menschen fast auf bloßes Überleben beschränkt. Und trotzdem oder gerade deswegen war der Mensch

Abb. 1: Entwicklungsstufen der Menschheit

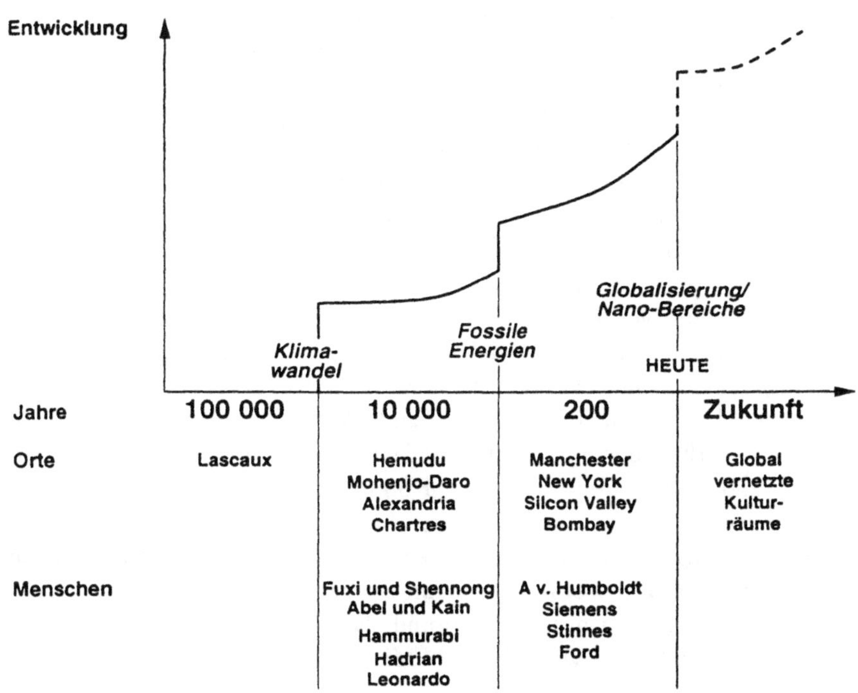

damals schon kulturell aktiv. Erst die dann folgende Warmzeit ermöglichte wegen der außergewöhnlichen Temperaturstabilität des warmen Klimas dem Menschen erstmals Viehzucht und Ackerbau, Seßhaftigkeit und Siedlungsbau. Für die ersten Viehzüchter und Ackerbauer mögen die legendären Fuxi und Shen Nong in China bzw. Abel und Kain im vorderen Orient stehen, für die verfaßte Regierung eines Volkes der babylonische Herrscher Hammurabi, für Verbund und Zusammenwirken vieler Völker mit unterschiedlichen Kulturen der römische Kaiser Hadrian, für den Aufbruch in die Neuzeit Leonardo da Vinci.

Der Schritt über die zweite Stufe wurde vor ca. 200 Jahren genommen: Seither ermöglichen Maschinen und der Zugriff auf die hoch konzentrierten, reichlichen, außergewöhnlich billig förderbaren fossilen Energieträger als Antriebsenergien für die Maschinen die Industrialisierung in den Industrieländern hier mit einem Anstieg des materiellen Wohlstands, Lebensstandards bislang um etwa einen Faktor 20.

Aus der Wissenschaft sei hier Alexander von Humboldt genannt, mit seinem visionären Blick auf die naturwissenschaftlichen Zusammenhänge der Evolution von den Weiten des Kosmos bis in die Mikrowelt der Moleküle und Atome, auf die Einbettung des Menschen in die fortwährende Evolution und auf unsere Verantwortung zu Humanität bei all unserem Tun.

Seitens der Wirtschaft eröffneten uns visionäre „Realos" große Freiräume der Lebensgestaltung: Hugo Stinnes verwirklichte seine Vision der Erleichterung und Verbesserung des Lebens und Arbeitens mittels elektrischer Energie, und diese für jedermann zu jeder Zeit billig verfügbar durch die Produktion von elektrischer Energie in großem Stil mittels seiner Kohlekraftwerke. Weltweit decken wir heute fast zwei Drittel des Strombedarfs aus fossil beheizten Wärmekraftwerken mit fast 2.000 Gigawatt installierter elektrischer Leistung. Dabei werden weltweit jährlich fossile Brennstoffe mit einem Brennwert von etwa 3 Milliarden Tonnen Steinkohle-Einheiten verbraucht, mehr als ein Viertel des Gesamtverbrauchs an fossilen Brennstoffen. Werner von Siemens wußte elektrische Energie in vielen Bereichen den Menschen dienlich zu machen, zum einen mittels seines Generators und Elektromotors, zum anderen für Telekommunikation mittels landesweiter, Länder und schließlich Kontinente verbindender Kabelnetze. Damit eröffnete er uns die Freiheit räumlich und zeitlich unbeschränkter Kommunikation. Und schließlich hatte der Unternehmer Henry Ford im weiten Land der USA die Verbesserung des Zusammenlebens und Zusammenwirkens der Menschen durch ausreichende Mobilität im Sinn und wollte jedermann ein bezahlbares Auto verkaufen, ein Auto mit Verbrennungsmotorantrieb und als flüssigem Treibstoff Benzin aus Erdöl. Heute fahren weltweit viele 100 Millionen Kraftfahrzeuge auf unseren

Straßen. Dabei werden weltweit jährlich etwa 1,5 Milliarden Tonnen Erdöl verbrannt, knapp ein Viertel des Gesamtverbrauchs an fossilen Brennstoffen.

Heute schreiten wir wohl wieder über eine Entwicklungsstufe:

- in die Globalisierung der Wirtschaft,
- in die weltweite Verflechtung aller Kulturen,
- auf den Gebieten von Technik, Biologie und Medizin in den Nano-Bereich der Moleküle,
- aber auch in eine Bedrohung des ganzen Lebensraums Erde, dessen Tragfähigkeit begrenzt ist, durch zu große Eingriffe in die natürlichen Kreisläufe, vielleicht sogar in den Menschen selbst.

Und mehr denn je bedürfen wir gerade bei dieser Entwicklung großer Visionen und realisierbarer, verantwortbarer Konzepte, wie wir diese nicht zuletzt durch wissenschaftlichen Fortschritt zum Wohle aller erreichen können. Dies war schon das Leitmotiv des fast legendären Leo Brandt, Gründer unserer Akademie.

Wie diese Visionen prioritär geartet sein müssen, sagt uns Antoine des Saint-Exupéry in seiner „Citadelle“: „Wenn Du ein Schiff bauen willst, fange nicht zuerst damit an, Holz zusammenzutragen, Bretter zu schneiden und die Arbeit zu verteilen, sondern wecke zuerst in Deinen Leuten die Sehnsucht nach dem großen, weiten Meer.“ Ich gehe davon aus, daß wir diese Sehnsucht haben, nach einem „großen weiten Meer“, einer weiteren, diesmal globalen kulturellen Entfaltung unserer Menschheit, dabei aber immer eingebettet in das natürliche Werden und Vergehen. Ich hoffe sehr, daß diese Sehnsucht in unserer Gesellschaft noch nicht durch zuviel Wohlleben, durch zu hohe materielle Ansprüche verschüttet worden ist. Und ich hoffe schließlich, daß wir wenigstens künftig die Bewältigung hohen Seegangs nicht mehr im frontalen Durchschneiden der Wellen suchen – allen Stürmen zum Trotz –, sondern im klugen Navigieren unter bestmöglicher Einbettung in den Wellengang.

Nun erst zum Schiffsbau, zur Bereitstellung von Holz und Brettern: Wie groß soll das Schiff sein, wie viele Menschen wird es tragen müssen, für wie weite Fahrt soll das Schiff gerüstet sein? Und dies heißt, wieviel Energie werden wir künftig brauchen? Hierzu nun meine Prognose („mit beschränkter Haftung“):

Wieviel Energie?

Wieviel Energie werden wir künftig brauchen, weltweit und in Deutschland? Dazu erst ein Blick zurück auf die Entwicklung des Energiebedarfs des Menschen in der Vergangenheit:

Als Jäger und Sammler brauchte der Mensch für Nahrung und Feuerholz Energie in Höhe von etwa 5 kWh pro Person und Tag. (Diese Menge an Energie entspricht dem Brennwert von ca. 1 kg trockenem Holz.) Danach brauchte der Landwirtschaft treibende und Städte bauende Mensch über etwa 10.000 Jahre bis vor wenigen 100 Jahren Energie von im Mittel etwa 20 kWh pro Person und Tag. Ein mittlerer Energiebedarf in dieser Höhe war bei uns noch typisch zur Zeit des Wirkens der Gebrüder Humboldt zu Anfang des 19. Jahrhunderts.

Heute wird in Industrieländern zur Befriedigung unseres hohen materiellen Wohlstands Energie in Höhe von im Mittel 200 kWh pro Person und Tag benötigt. (Diese Menge an Energie entspricht dem Brennwert von ca. 20 Litern Heizöl.) Und dieser hohe Energiebedarf ist direkt mit unserem hohen materiellen Wohlstand korreliert: Für jede DM, die wir einnehmen und wieder ausgeben (oder anlegen), verursachen wir derzeit (1999) im Mittel einen Verbrauch an Primär-Energie in Höhe von ca. 1 kWh, also pro 10 DM einen Energieverbrauch dem Brennwert von 1 Liter Erdöl entsprechend.

Wieviel Energie wir in Zukunft brauchen werden, hängt davon ab

- wie viele Menschen
- wieviel wirtschaftliche Produktivität
- mit wieviel Effizienz der Energie-Nutzung

erzielen werden.

Wie effizient kann man Energie nutzen?

Für jede Aktivität, sei es die Herstellung einer Glasflasche aus Roh- oder Altmaterial, sei es Treppensteigen oder sei es Denken, geistig Arbeiten, ist der Aufwand einer bestimmten Mindestmenge an Energie naturgesetzlich bedingt, welche also nicht unterschritten werden kann.

Bislang sind wir hier in Deutschland und überall in der Welt meist noch weit von diesem Mindestansatz an Energie bei höchstmöglich effizienter Energie-Nutzung entfernt. Was den Energiebedarf in Deutschland betrifft, so ist sehr sorgfältigen und umfassenden Studien – für eine Enquete-Kommission des 11. Deutschen Bundestags angefertigt – zu entnehmen, daß derzeit vom gesamten Einsatz an Primär-Energie nach teils vermeidbaren, teils unvermeidbaren Verlusten bei der Umwandlung von Primär-Energie, wie z. B. bei der Verbrennung von Kohle in Kraftwerken zur Erzeugung von elektrischer Energie, „Strom“, und bei der Nutzung von Sekundär-Energie, wie z. B. der Verbrennung von Treibstoffen im Motor eines Kraftfahrzeugs, letztlich nur etwa ein Drittel der primärseitig eingesetzten Energiemenge als tatsächliche

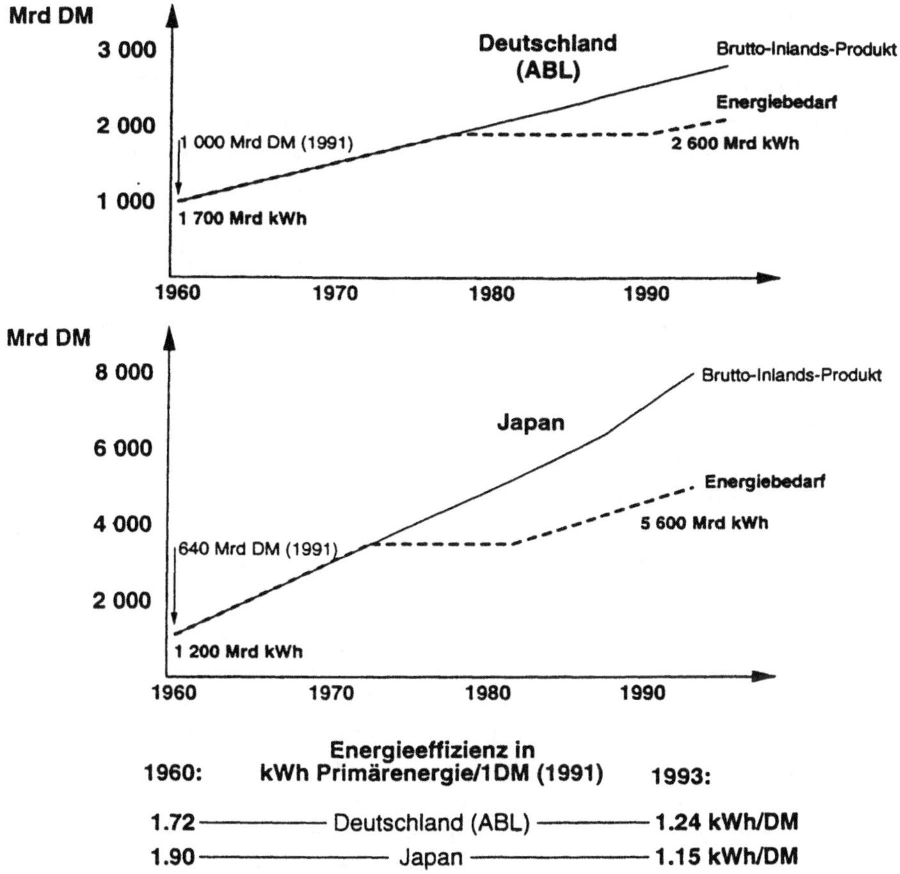

Abb. 2: Wachstum von Brutto-Inlands-Produkt und Primärenergie-Bedarf in Deutschland und Japan

Nutz-Energie, z. B. in Form ausreichend heller und ausreichend temperierter Räume und in Form von Bewegungsenergie im Personenverkehr und Gütertransport und zur Erfüllung all unserer Aktivitäten und Bedürfnisse, verwendet wird. Von den verlustig gehenden zwei Dritteln der eingesetzten Menge an Primär-Energie zur Deckung all unserer Bedürfnisse heutiger Art und Umfang könnte bei angemessenem Aufwand für effizientere Energie-Nutzung in allen Bereichen insgesamt etwa eine Hälfte der Energieverluste vermieden werden, all unsere heutigen Bedürfnisse also mit einem Aufwand von nur etwa zwei Dritteln der derzeit benötigten Menge an Primär-Energie befriedigt werden.

In ähnlich hohem Umfang könnte auch weltweit durch Steigerung der Energie-Effizienz der Aufwand an Primär-Energie für die Deckung aller heutigen Bedürfnisse der heutigen Zahl von Menschen der Weltbevölkerung vermindert werden. Nur sollte man daraus aber nicht den Fehlschluß ziehen, daß durch eine Realisierung effizienterer Energie-Nutzung etwa im skizzierten Umfang der tatsächliche Bedarf an Primär-Energie dann entsprechend sinken würde. Dies anzunehmen hat sich zumindest bislang als Irrtum erwiesen: Da der Einsatz einer bestimmten Menge an Energie direkt mit einem entsprechenden Aufwand an Geld korreliert ist, setzt eine Verminderung des Energie-Aufwands durch effizientere, sparsamere Nutzung zunächst in entsprechendem Umfang verfügbare Finanzmittel, Kaufkraft, frei, welche bislang immer für weitere, zusätzliche Aktivitäten und Befriedigung von Bedürfnissen genutzt wurden, damit zu einem weiteren Wachstum der wirtschaftlichen Produktivität beigetragen haben, dies ohne dazu in entsprechendem Umfang den Energieaufwand steigern zu müssen. Dies zeigt ein Blick auf die Entwicklungen von Wirtschaftskraft, gemessen am Brutto-Inlands-Produkt, und des Primär-Energie-Bedarfs seit 1960, hier bespielhaft für Deutschland (alte Bundesländer) und Japan (Abb. 2).

In beiden Ländern ist nach einem anfänglichen Anstieg von Brutto-Inlands-Produkt und von Primär-Energiebedarf im Gleichlauf dann in Japan von 1973 bis 1983, in Deutschland von etwa 1978 bis 1990 durch eine beträchtliche Steigerung der Energie-Effizienz ein weiter kontinuierlicher Anstieg des Brutto-Inlands-Produkts mit konstant bleibendem Bedarf an Primär-Energie erzielt worden. Nach weitgehender Ausschöpfung der wirtschaftlich zu realisierenden Potentiale einer Steigerung der Energie-Effizienz ist danach in beiden Ländern bei weiter steigendem Brutto-Inlands-Produkt auch der Primär-Energiebedarf wieder gestiegen, allerdings – durch weitere Steigerung der Energie-Effizienz – weniger stark als die Wirtschaftskraft.

Wir können also nur hoffen, daß es auch weiterhin wieder gelingen wird, durch noch mögliche weitere Steigerung der Energie-Effizienz einen Anstieg der wirtschaftlichen Produktivität zu erzielen, ohne dadurch unseren Gesamtbedarf an Primär-Energie zu erhöhen.

Wie viele Menschen – im erwerbstätigen Alter – werden künftig wieviel wirtschaftliche Produktivität erarbeiten?

Die Zahl der Menschen in den heutigen Industrieländern insgesamt wird im Zeitfenster bis zur Mitte des inzwischen angebrochenen Jahrhunderts zunächst stagnieren, dann wohl spürbar sinken, dies unter der Annahme, daß die für den Erhalt der Bevölkerungszahl auf heutiger Höhe zu geringen Geburtenzahlen (in Deutschland derzeit im statistischen Mittel ca. 1,3 Geburten pro Frau im Laufe ihres Lebens) weiterhin wenigstens partiell durch relativ hohe Bevölkerungs-Zuwanderung aus Entwicklungsländern ausgeglichen werden. (In Deutschland wird derzeit die Differenz zwischen Todesfällen und Geburten von jährlich etwa 100.000 durch eine Netto-Zuwanderung in dieser Höhe ungefähr ausgeglichen.) Dabei wird sich die Altersstruktur der Bevölkerung weiter zu höherem Alter hin verschieben: Derzeit stehen in Deutschland etwa 50 Prozent der Bevölkerung in Erwerbstätigkeit, dabei die Zahl der Erwerbstätigkeit suchenden Menschen von ca. 10 Prozent der Erwerbstätigen mit eingeschlossen. Im Lauf der nächsten Jahrzehnte wird rein altersbedingt dieser Prozentsatz der Erwerbstätigen und Erwerbestätigkeit suchenden auf etwa 40 Prozent und weniger sinken.

Die gesamte wirtschaftliche Produktivität, das sog. Brutto-Inlands-Produkt, muß aber von der Gesamtheit der Erwerbstätigen erarbeitet werden. Dabei hat sich im Lauf der vergangenen drei bis vier Jahrzehnte der pro Erwerbstätigen erarbeitete Anteil am Brutto-Inlands-Produkt etwa verdoppelt. Dieser Anteil – die Arbeitsleistung eines Menschen – ist aber nicht beliebig hoch zu steigern.

Wenn es gelingt, im Lauf der nächsten drei bis fünf Jahrzehnte den pro Erwerbstätigen zu erarbeitenden Anteil am Brutto-Inlands-Produkt noch einmal im gleichen absoluten Ausmaß wie im Lauf der letzten Jahrzehnte zu steigern, also im Mittel um weitere 50 Prozent über den derzeitigen Mittelwert, dann resultiert daraus ein weiteres jährliches Wirtschaftswachstum von im Mittel ca. 0,5 bis 1 Prozent, im Lauf von 50 Jahren eine Steigerung um etwa ein Drittel bezogen auf das derzeitige Brutto-Inlands-Produkt.

In heutigen Schwellen- und Entwicklungsländern wird die Bevölkerung wohl insgesamt um weitere zwei Milliarden Menschen steigen, damit die Weltbevölkerung bis zur Mitte des kommenden Jahrhunderts von derzeit sechs auf dann ca. acht Milliarden Menschen anwachsen, um danach wohl allmählich zu kulminieren, nicht zuletzt wegen der begrenzten Verfügbarkeit von Nahrung.

Auch wenn die wirtschaftliche Produktivität in diesen Ländern insgesamt nur in bescheidenem Umfang wachsen wird – der Löwenanteil des Wachstums vornehmlich in den bevölkerungsreichen Ländern Asiens, allen voran China – kann im Lauf der kommenden drei bis fünf Jahrzehnte die von diesen Ländern insgesamt dann erzielte wirtschaftliche Produktivität wohl eine Höhe erreichen, wie sie derzeit in der Gesamtheit der Industrieländer erbracht wird.

Wieviel Energie wird die Menschheit dann künftig brauchen?

Unter den skizzierten Annahmen über die Entwicklung der Bevölkerung und über das weitere Wirtschaftswachstum und unter der Annahme einer weiteren Steigerung der Effizienz der Energie-Nutzung in Industrieländern in gleichem Umfang wie das Wirtschaftswachstum wird in den heutigen Industrieländern der Bedarf an Primär-Energie etwa auf heutigem Niveau konstant gehalten werden, wird in heutigen Entwicklungsländern der Bedarf an Primär-Energie sich etwa verdreifachen (hinter dem für China angenommenen Anstieg des Energiebedarfs von 25 auf 50 kWh pro Person und Tag verbirgt sich unter Annahme von Energie-Effizienzsteigerungen ähnlich wie in Industrieländern ein jährliches mittleres Wirtschaftswachstum von drei Prozent über einen Zeitraum von 50 Jahren), dabei insgesamt die Höhe des Bedarfs in der Gesamtheit heutiger Industrieländer erreichen, wird der Energiebedarf weltweit wohl oder übel noch um etwa 50 Prozent über den derzeitigen Bedarf steigen (Abb. 3).

Und es wird höchst schwierig sein, Energie in solch hohem Umfang zu nutzen, ohne dadurch die endliche Tragekapazität unserer Erde zu überlasten. Und doch muß uns dies gelingen.

Abb. 3: Entwicklung der Bevölkerung und des Energiebedarfs in der Welt

		1999	2050 (Prognose)
Industrieländer	Bevölkerung	**1.2 Mrd**	**1 Mrd**
	Energie / Person x Tag	**200 kWh**	**240 kWh**
	Primärenergie	**300 EJ**	**300 EJ**
Schwellen- und Entwicklungsländer	Bevölkerung	**4.8 Mrd**	**7 Mrd**
	Energie / Person x Tag	**20 kWh**	**35 kWh**
	China	**25 kWh**	**50 kWh**
	Indien	**15 kWh**	**30 kWh**
	Primärenergie	**100 EJ**	**300 EJ**
WELT	Bevölkerung	**6 Mrd**	**8 Mrd**
	Primärenergie	**~400 EJ**	**~600 EJ**

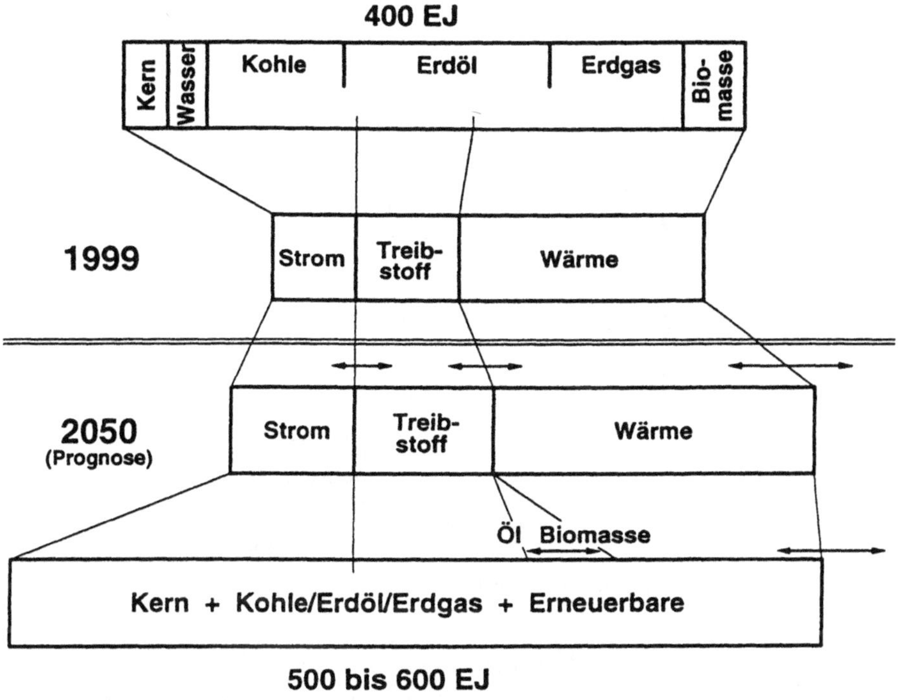

Abb. 4: Weltweiter Energiebedarf nach Primärenergie-Trägern und Sekundärenergie-Arten

Notwendigkeiten

Und dieser heute hohe, künftig noch höhere weltweite Bedarf an Primär-Energie (Abb. 4) resultiert aus den von uns allen überall in der Welt benötigten Mengen an den Sekundär-Energien

- elektrische Energie, „Strom"
- Treibstoffe
- Wärme (für Produktionsprozesse meist bei hohen Temperaturen von mehreren hundert bis wenigen 1.000 Grad Celsius, für Raumheizung und Warmwasser bei relativ niedrigen Temperaturen im Bereich von ca. 30 bis 70 Grad Celsius)

Und so stehen wir, vor allem wir in den Industrieländern, die wir unseren materiellen Wohlstand und damit auch unseren Energiebedarf vor allem in jüngster Vergangenheit sehr gesteigert haben, vor der Notwendigkeit, dafür zu sorgen, daß auch künftig uns allen, Industrieländern wie Schwellen- und Entwicklungsländern, für die weitere wirtschaftliche Entwicklung die dazu

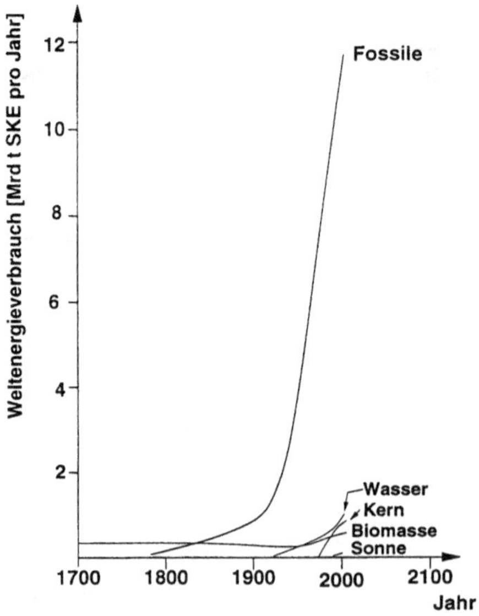

Abb. 5: Weltweiter Energieeinsatz im zeitlichen Verlauf

nötigen Ressourcen, vor allem auch Energie in ausreichendem Umfang und auch *dauerhaft umweltverträglich* verfügbar sein werden. Dazu stehen uns auch künftig nur erneuerbare, fossile und nukleare Energien zur Verfügung.

Unsere wirtschaftliche Entwicklung mit steil steigendem materiellen Wohlstand in den Industrieländern im Verlauf dieses Jahrhunderts basierte auf der reichlichen und billigen Verfügbarkeit der fossilen Energieträger Kohle, Erdöl und Erdgas. Entsprechend steil stieg auch der Verbrauch dieser fossilen Energieträger (Abb. 5), derzeit unsere Haupt-Energiequellen. Und dieser rapide gestiegene hohe Verbrauch der in der Natur nur in beschränktem Umfang verfügbaren Energieträger macht diese auch im Zeitfenster von 100 bis wenigen 100 Jahren zu einem Auslaufmodell.

Soweit sollten wir es aber gar nicht erst kommen lassen: Das bei der Verbrennung von Kohle, Erdöl und Erdgas entstehende und freigesetzte Gas Kohlendioxid hebt die natürliche – durch den Lebenskreislauf von ständigem Werden und Vergehen von Flora und Fauna bestimmte – Konzentration von Kohlendioxid in der Atmosphäre spürbar an. Das Spurengas Kohlendioxid in der Luft ist maßgeblich an der Heizung im Treibhaus Erde durch Rückstrahlung der von der warmen Erde emittierten Wärmestrahlung beteiligt. Durch den so vom Menschen verursachten Temperaturanstieg im Treibhaus Erde – bislang im weltweiten jahreszeitlichen Mittel bereits knapp 1 Grad Celsius – erhöht sich nicht nur die Wahrscheinlichkeit für die Zunahme und Intensivie-

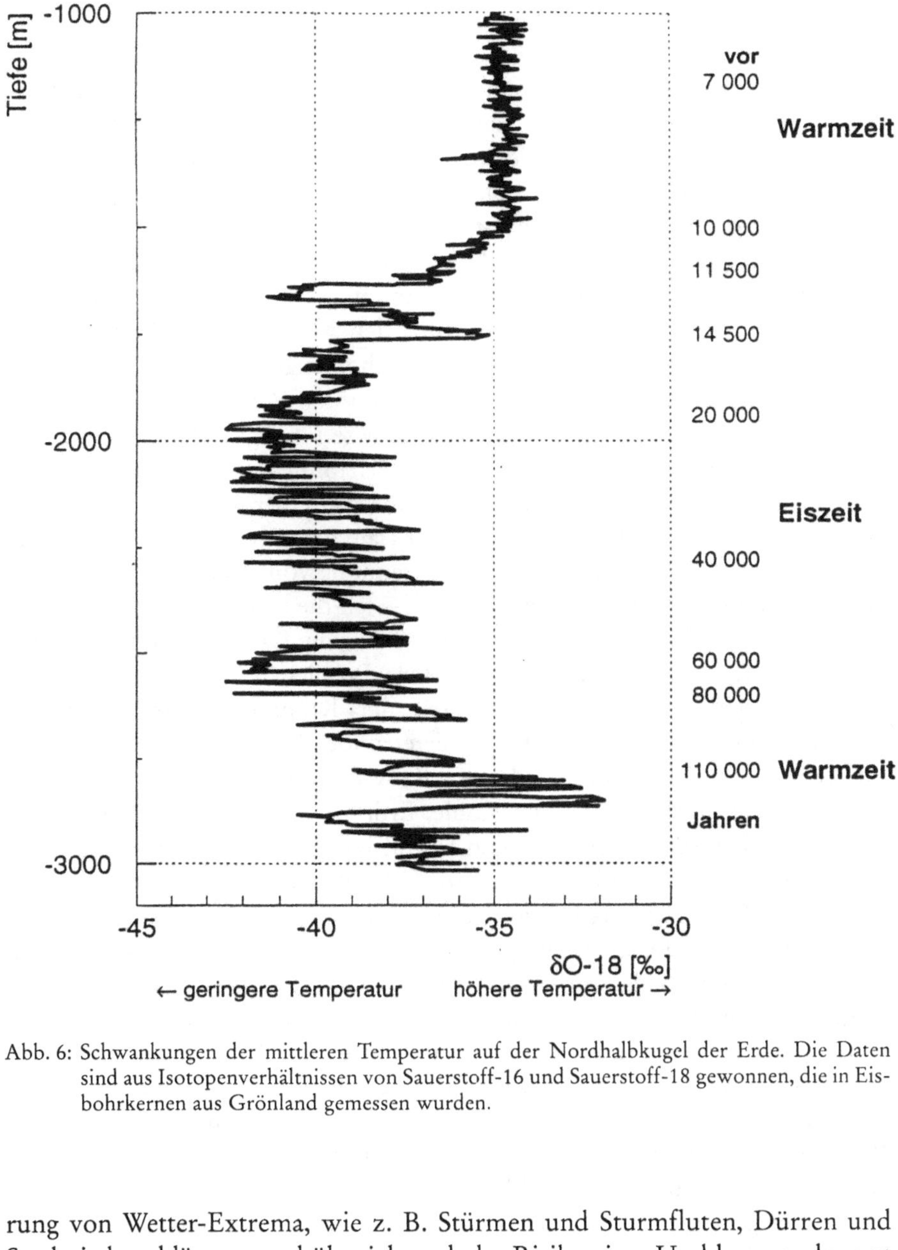

Abb. 6: Schwankungen der mittleren Temperatur auf der Nordhalbkugel der Erde. Die Daten sind aus Isotopenverhältnissen von Sauerstoff-16 und Sauerstoff-18 gewonnen, die in Eisbohrkernen aus Grönland gemessen wurden.

rung von Wetter-Extrema, wie z. B. Stürmen und Sturmfluten, Dürren und Starkniederschlägen, es erhöht sich auch das Risiko eines Umklappens des erst seit Beginn der heutigen Warmzeit vor 10.000 Jahren außergewöhnlich temperaturstabilen Klimas – welches erst seither dem Menschen Ackerbau und Seßhaftigkeit ermöglicht – in ein Klima mit stochastisch ständig stark fluktuierenden Temperaturschwankungen, wie sie in der Vergangenheit der letzten Eis- und Warmzeiten die Regel gewesen waren.

Niemand kann derzeit die Wahrscheinlichkeit für ein solches Umklappen des Klimas mehr oder minder genau abschätzen. Wir wissen nur, daß das Klima in der Warmzeit vor der letzten Eiszeit, bei einer mittleren Temperatur auf der Erde etwa 1 bis 2 Grad höher als derzeit, starke und schnelle Temperaturschwankungen aufgewiesen hat (Abb. 6).

Wenn unser heutiges Klima wieder in einen temperatur-instabilen Zustand umkippt, dann „gute Nacht, weltweite Landwirtschaft". Dann wird die Erde nicht mehr sechs, acht oder mehr Milliarden Menschen ernähren können, sondern vielleicht nur drei, eine oder gar noch weniger Milliarden Menschen.

Seitens der Wissenschaft wird u. a. vom von den Vereinten Nationen 1988 etablierten Intergovernmental Panel on Climate Change, IPCC, in welchem viele 100 Wissenschaftler aller relevanten Disziplinen aus allen Ländern der Erde zusammenarbeiten, in weltweitem Konsens immer wieder auf die Klima-Problematik, auf das Klima-Risiko aufmerksam gemacht und die Notwendigkeit einer drastischen Reduktion der Verbrennung von Kohle, Erdöl und Erdgas angemahnt. Seitens der Politik werden – seit die weltweite Völkergemeinschaft auf der UN-Konferenz in Rio 1992 eine Rahmenkonvention zum Schutz des Klimas vereinbart hat – die Klima-Problematik diskutiert und Auswege auf den jährlichen Konferenzen der Klimaschutz-Vertragsstaaten gesucht. Immerhin hat 1996 die Ministerrunde der Klimaschutz-Vertragsstaaten das zur Eindämmung des Klima-Risikos notwendige Ausmaß der Reduktion der Verbrennung von Kohle, Erdöl und Erdgas – wie vom IPCC seit langem gefordert – benannt und bekräftigt: „Der weitere Verbrauch der fossilen Brennstoffe muß im weltweiten Mittel um mehr als die Hälfte des derzeitigen Verbrauchs reduziert werden". Und gleich noch draufgesattelt: Angesichts des steigenden Energiebedarfs heutiger Entwicklungsländer mit ihrem derzeitigen Bedarf pro Person noch weit, bis um einen Faktor 10 geringer als in Industrieländern, muß der weitere Verbrauch der fossilen Brennstoffe in den heutigen Industrieländern im Mittel, und Deutschland ist hierfür ein gutes Beispiel, auf weniger als ein Viertel des heutigen Verbrauchs reduziert werden. Dieses Ziel hat die Deutsche Bundesregierung mit ausdrücklicher Billigung aller Fraktionen des Deutschen Bundestages schon 1992 auf der Konferenz in Rio propagiert (Abb. 7).

Die hier gezeigte Graphik der Entwicklung der Kohlendioxid-Emissionen aus der Verbrennung von Kohle, Erdöl und Erdgas wurde u. a. in einem Bericht der Enquete Kommission des 12. Deutschen Bundestages „Schutz der Erdatmosphäre" 1992 veröffentlicht und – ins Englische übersetzt – der Internationalen Öffentlichkeit auf der Rio-Konferenz vorgestellt. Hauptwider-

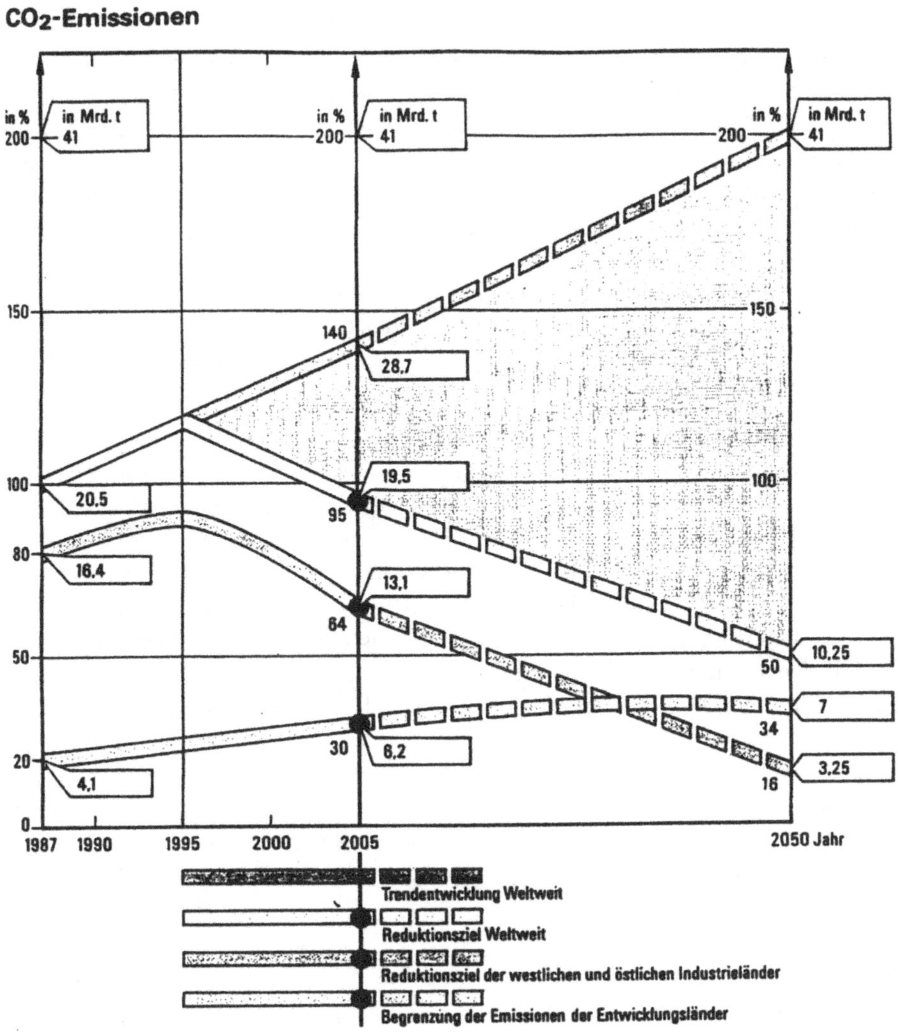

Abb. 7: aus: Energiebedingte CO_2-Emissionen bis zu den Jahren 2005 und 2050 nach dem Reduktionsplan der Enquete-Komission: Reduktionsziele für die Industrieländer und Ziele für die Begrenzung der Zuwächse von Emissionen aus den Entwicklungsländern. (Enquete-Komission „Schutz der Erdatmosphäre" des Deutschen Bundestages (Hrsg.), Klimaänderung gefährdet globale Entwicklung, Economica Verlag, Verlag C. F. Müller, 1992)

stand gegen eine internationale politische Weichenstellung zur Ermöglichung einer Reduktion des Verbrauchs fossiler Energieträger zugunsten nichtfossiler Energiequellen kommt aus den fossilen Interessengruppen.

Die notwendige Reduktion des Einsatzes fossiler Energien und die damit verbundene Umstrukturierung der Energiewirtschaft – national bis global – kann aber selbst bei größtmöglicher Anstrengung wegen der langen Lebensdauer von Energieversorgungsanlagen und nicht zuletzt wegen der hohen Investitionskosten für Anlagen zur Energiebereitstellung aus nichtfossilen Energiequellen günstigstenfalls in einem Zeitrahmen von 50 bis 100 Jahren allmählich realisiert werden. Umstrukturierungen auf solch langer Zeitschiene müßten doch wohl von allen Betroffenen verantwortungsbewußt und für alle Betroffenen sozialverträglich zu gestalten sein.

Ersatz-Energien für Kohle, Erdöl und Erdgas sind auf die absehbare Zeit der nächsten 50 Jahre nur die erneuerbaren Energien und die Atomkern-Spaltungs-Energie. Was letztere betrifft, müßte – um nicht vom Regen unter die Traufe zu kommen – die künftige Kernreaktortechnik selbstverständlich in jeder Hinsicht frei vom Risiko eines großen Unfalls mit Freisetzung bedrohlicher Mengen an Radioaktivität sein. Und sagen Sie jetzt nicht voreilig: „Dies kann man eben nicht, wie ja auch die Erfahrungen in jüngster Vergangenheit gezeigt haben". Doch, man kann es, wenn man es will. (Ich werde noch darüber sprechen.) Dabei steht für alle nichtfossilen alternativen Energiequellen als Herausforderung an Natur- und Ingenieurwissenschaften, an Wirtschaft und Politik, Wege für die Realisierung dieser dauerhaft umweltverträglichen Alternativen, und zwar mittels bezahlbarer Technologien, gangbar zu machen.

Möglichkeiten für die künftige Bereitstellung der benötigten Sekundär-Energien Strom, Treibstoffe und Wärme

Erneuerbare Energien

Was die Möglichkeit des Beitrags erneuerbarer Energien zur Deckung unseres Bedarfs an Strom, Treibstoffen und Wärme angeht, so ist dabei der Blick nicht nur auf die Qualität, sondern besonders auf die Quantität des Dargebots erneuerbarer Energien zu richten. Das absolute Muß einer Betrachtung der Quantität verfügbar zu machender erneuerbarer Energien sei an drei Beispielen drastisch vor Augen geführt:

Bis vor ca. 200 Jahren deckten wir nahezu unseren gesamten Energiebedarf mit Holz aus unseren Wäldern. Wenn wir dies heute wieder tun wollten, bräuchten wir dazu Wälder mit einer Gesamtfläche etwa achtmal so groß wie Deutschland, und alles einzuschlagende Holz müßte dann als Energierohstoff verwendet werden.

Wollten wir heute unseren Treibstoffbedarf nur aus jährlich zu erntenden Pflanzen decken, so bräuchten wir dazu Anbauflächen mindestens zweimal so groß wie Deutschland.

Wollten wir unseren gesamten Bedarf an Energie, wie wir ihn Tag und Nacht, im Sommer und im Winter gedeckt haben wollen, aus Sonneneinstrahlung decken, so müßten wir dazu etwa ein Viertel der Fläche Deutschlands mit Solarzellen und Solarwärmekollektoren bedecken, dies zu Kosten in Höhe vom zwanzigfachen des jährlichen Brutto-Inlands-Produkts in Deutschland.

Diese hypothetischen Beispiele mögen Sie bitte nicht als Geringschätzung erneuerbarer Energien verstehen, sondern Sie müssen sich daran nur unseren außergewöhnlich hohen, im wahren Sinn des Worts unnatürlich hohen Energiebedarf veranschaulichen.

Das in Deutschland realisierbare Potential erneuerbarer Energien ist beschränkt auf die Deckung eines kleinen Teils unseres heutigen und künftigen Energiebedarfs (Abb. 8), günstigstenfalls etwa ein Viertel des künftigen Bedarfs sowohl an elektrischer Energie als auch der gesamten End-Energie (dieser Befund ist ausführlichen und umfassenden Studien für die Enquete-Kommissionen des 11. und 12. Deutschen Bundestages zu entnehmen). Dabei sind folgende Details festzuhalten:

Abb. 8: Potential Erneuerbarer Energien für Deutschland – heute und in Zukunft

		in Deutschland (Deckung in % des Gesamtbedarfs)			mögl. Import (Deckung in % des Gesamtbedarfs)		
		1999		2050 (Prognose)	1999		2050 (Prognose)
Wasser		4	Strom	5			
Wind		1	Strom	5			
Sonne:	Solarzellen	0	Strom	2			
	Solar-KW				0	Strom	z.B. 20
	Flachkollektoren	0.1	Heizwärme	10			
Biomasse:		1	Heizwärme	10			
	Abfälle und nachwachs. Rohstoffe	2	Strom	10			
		0	Treibstoff	5	0	Treibst.	z.B. 10
Erdwärme		0.3	Heizwärme	20			
Erneuerbare Energien insgesamt:		7	Strom	20	+	Strom	z.B.. 20
		2	Heizwärme	40			
		0	Treibstoff	5	+	Treibst.	z.B. 10

- Aus der Wasserkraft decken wir derzeit vier Prozent unseres Strombedarfs. Bei weiterem Ausbau der Wasserkraft kann dieser Anteil bestenfalls auf etwa fünf Prozent erhöht werden.
- Den mittleren Bedarf an elektrischer Leistung in Deutschland vor Augen, mit seiner zeitlichen Fluktuation zwischen etwa 45 bis 65 GW, sollten insgesamt maximal bis zu 20 GW aus den zeitlich fluktuierenden Quellen Wind (z. B. 10 GW) und Solarzellen (z. B. 10 GW) ins Stromnetz ohne intolerable Verluste für die stetig verfügbaren Wärmekraftwerke eingespeist werden können.

Um dieses Potential von 10 + 10 GW realisieren zu können

- müßten Solarzellen auf z. B. 5 Millionen Dächern mit jeweils 20 m^2 Solarzellen-Modul-Flächen installiert werden, dies zu Investitionskosten von insgesamt mindestens etwa 50 Milliarden DM;
- müßten etwa 10.000 Windturbinen von jeweils 1 MW Leistung installiert werden, entweder in den windreichen Küstengebieten an Nord- und Ostsee oder in den noch windreicheren, den Küsten vorgelagerten flachen Meeresgebieten in Nord- und Ostsee, dies zu Investitionskosten von insgesamt mindestens etwa 15 Milliarden DM.
  (Zur bildhaften Vorstellung des dazu notwendigen Flächenbedarfs: Wollte man diese 10.000 Windkraftanlagen an der windbegünstigten deutschen Nordseeküste installieren, so müßte man entlang der gesamten ca. 300 km langen Küste Ost- und Nordfrieslands zwischen den Grenzen zu den Niederlanden und Dänemark Windrotoren in zehn Reihen hintereinander gestaffelt aufstellen!)

Damit könnten dann

- aus Solarzellen-Anlagen wegen der zeitlich auf ca. 10 Prozent der Zeit innerhalb eines Jahres beschränkten intensiven Sonneneinstrahlung bei einer installierten elektrischen Gesamtleistung von 10 GW (entsprechend ca. 20 Prozent des mittleren Leistungsbedarfs) über ein Jahr summiert insgesamt etwa zwei Prozent,
- aus den Windturbinen-Anlagen wegen der zeitlich beschränkten intensiven Windströmungen (im küstennahen Festland ca. 20 Prozent, im küstennahen Meer ca. 35 Prozent der Zeit) bei einer installierten elektrischen Gesamtleistung von 10 GW über ein Jahr summiert insgesamt etwa vier bis sieben Prozent

des jährlichen Strombedarfs in Deutschland gedeckt werden.

Wollten wir deutlich mehr Solarstrom als etwa zwei Prozent unseres derzeitigen Strombedarfs gewinnen, so müßten wir vor allem Solarstrom, im Sommer gewonnen, langzeitig bis über den Winter und hinein ins Frühjahr speichern.

Der dazu nötige Aufwand ist intolerabel hoch:

Wollte man den Strom über die Kette

- *Solarstrom* zur Elektrolyse von Wasserstoff
- Wasserstoffverflüssigung
- Langzeitspeicherung von Flüssig-Wasserstoff
- *Strom*erzeugung zu beliebiger Jahreszeit *aus* mit Wasserstoff betriebenen *Brennstoffzellen*

verfügbar machen, so würden daraus Stromkosten – im günstigsten Fall billigstmöglicher Solarzellen, Wasserstofftechniken und Brennstoffzellen – von mindestens etwa 2 DM pro Kilowattstunde Strom anfallen. Dies würde u. a. die Stromrechnung eines Haushalts von derzeit 100 bis 200 DM pro Monat auf mindestens 1.000 bis 2.000 DM pro Monat erhöhen.

Oder wollte man Solarstrom langzeitig über Pumpspeicher-Kraftwerke speichern, so bräuchte man dazu pro Speicherung von einem Prozent des Jahres-Strombedarfs in Deutschland eine Pumpspeichersee-Fläche von etwa einem Prozent der Fläche Deutschlands. Und die Speicherkosten würden wegen der geringen Häufigkeit der Nutzung, nämlich einmal im Jahr statt wie derzeit verfügbare Pumpspeicherwerke nahezu täglich, sich auf mindestens etwa 5 DM pro Kilowattstunde Strom belaufen. Stromkosten in dieser Höhe sind bei unserer derzeitigen Art zu leben nicht bezahlbar.

Eine weit ergiebigere Bereitstellung von Solarstrom – und dies nicht nur beschränkt auf zehn Prozent der Zeit, sondern rund um die Uhr – könnte realisiert werden mittels solarthermischer Kraftwerke mit Hochtemperatur-Wärmespeichern zum Kraftwerksbetrieb auch während der dunklen Tageszeit. Kraftwerke dieser Art könnten im äquatornahen Sonnengürtel der Erde, z. B. in nordafrikanischen Wüstengebieten, installiert werden. Von dort könnten wir den Strom mit relativ geringen Verlusten importieren, und zwar im Prinzip in Höhe von vielen GW elektrischer Leistung. Bei ausgereifter Technik thermischer Solarkraftwerke ist zu erwarten, daß zwar die Investitionskosten für den Bau solcher Kraftwerke etwa dreimal so hoch wie für Kohlekraftwerke sein werden, die resultierenden Kosten pro erzeugte Kilowattstunde Strom aber nicht wesentlich teurer als für Strom aus Kohle- oder Kernkraftwerken sein werden.

- Die ausgiebigste Domäne für Solarenergie-Nutzung könnte in Deutschland die Gewinnung von Heizwärme sein, dies mittels Flachkollektoren, zum einen zur Bereitstellung von Warmwasser, zum anderen – bei zusätzlicher Installation von saisonalen Langzeit-Wärmespeichern – zur Heizung im Winter mit Solarwärme aus dem Sommer. Insgesamt sollte es wohl möglich sein, auf diese Weise mindestens zehn Prozent unseres Heizwärme-Bedarfs zu decken.

- Würde man alle kommunalen, land- und forstwirtschaftlichen brennbaren Abfälle in Heizkraftwerken zu Strom und Heizwärme wandeln, so könnte man Strom und Heizwärme in Höhe von bis zu jeweils ca. fünf Prozent des derzeitigen Bedarfs bereitstellen.
- Sollten für den Anbau von Pflanzen als Energie-Rohstoff auf Dauer etwa 15 Prozent der heutigen landwirtschaftlichen Nutzflächen in Deutschland zur Verfügung stehen, so könnten aus der zu erntenden Biomasse Treibstoffe, Strom und Heizwärme jeweils in Höhe von etwa fünf Prozent des derzeitigen Bedarfs erzeugt werden. Dagegen spricht allerdings die Vermutung, daß angesichts der weiter steigenden Weltbevölkerung – und damit auch des Bedarfs an Nahrung – der Anbau von Nahrungspflanzen wie Getreide für unsere Landwirte vorteilhafter sein wird als der Anbau von Energiepflanzen.

Nun zu den Möglichkeiten der Deckung des künftigen Bedarfs an Treibstoffen im Verkehrssektor: Auch bei zunehmend günstigerer Gestaltung des Angebots öffentlicher Verkehrsmittel und zunehmender Verkehrsvermeidung u. a. durch Nutzung moderner Kommunikationsmittel wird vermutlich der Straßen- und Flugverkehr

- in Deutschland nicht wesentlich zurückgehen,
- weltweit insgesamt immer noch spürbar zunehmen.

Damit wird der Bedarf an flüssigen Treibstoffen auch bei Realisierung der noch möglichen deutlichen Steigerung der Effizienz der Antriebsmaschinen

- in Deutschland höchstens auf zwei Drittel des heutigen Bedarfs zurückgehen,
- weltweit insgesamt mindestens auf heutiger Höhe bleiben.

Wollten wir Bio-Treibstoffe, z. B. Methanol aus Biomasse, in großem Umfang verfügbar machen, so bräuchte man entsprechend große Anbauflächen, z. B. für eine Menge von Methanol dem Brennwert des derzeitigen jährlichen Treibstoffbedarfs in Deutschland entsprechend Anbauflächen von insgesamt dem zweifachen der Fläche Deutschlands, für eine Menge von Methanol, dem Brennwert des derzeitigen weltweiten Treibstoffbedarfs Anbauflächen von ingesamt etwa 4 Millionen km^2. Anbauflächen dieser Ausmaße sind – angesichts der Tatsache, daß der Mensch bereits fast alle nichtbewaldeten Grünflächen der Erde für die Ernährung der Weltbevölkerung in Beschlag genommen hat – nur durch aufwendige Rekultivierung inzwischen degradierter, oft zu Wüste gewordener ehemaliger Grünflächen, wie z. B. Wüstenrandgebiete in Afrika und Australien (zu Kosten von im Mittel etwa 10.000 DM pro ha), zu realisieren.

Zur Rekultivierung von Flächen des genannten Ausmaßes mehrerer Millionen km^2 wäre ein finanzieller Aufwand nötig, wie er derzeit über etwa 40 Jahre weltweit für Erdöl- und Erdgas-Prospektion und -Erschließung aufgebracht wird (weltweit jährlich grob geschätzt 50 Milliarden US $). Daraus würden für den später zu gewinnenden Treibstoff Methanol Erzeugungskosten in Höhe von etwa 1 bis 2 DM pro Liter Benzin-Äquivalent (etwa 0,5 bis 1 DM pro Liter Methanol) anfallen. (Bei Treibstoffgewinnung aus Erdöl entspräche dies einem Erdölpreis von etwa 50 bis 100 US $ pro barrel.) In einigen Jahrzehnten könnte also die Methanol-Option eine dann wirtschaftliche Alternative werden – wenn man nicht erst dann, sondern bereits bald mit der Erprobung dieser Option beginnt.

Eine weitere Möglichkeit für eine künftige Deckung des Bedarfs an Treibstoff wäre Wasserstoff, zu gewinnen beispielsweise durch Wasserspaltung unter Aufwand von elektrischer Energie (Elektrolyse). Wollte man auf diese Weise Treibstoff in Höhe des derzeitigen Bedarfs in Deutschland bzw. weltweit decken, so bedürfte es dazu zusätzlicher elektrischer Energie in Höhe des Doppelten des derzeitigen Gesamtbedarfs an elektrischer Energie in Deutschland bzw. weltweit. Und dies ist zumindest aus heutiger Sicht wohl prohibitiv! Auch alle anderen Verfahren, Wasserstoff zu gewinnen (wenn man einmal von der Gewinnung von Erdgas absieht), wie z. B. katalytische Wasserspaltung bei hohen Temperaturen im Solarofen oder photobiologische Verfahren, haben sich bislang als viel zu aufwendig erwiesen. Hier wäre also noch Forschungs- und Entwicklungsbedarf, wenn man erst einmal eine gute, realisierbare Idee hat: Vielleicht sollte der Staat kluge Köpfe dazu ermuntern, wie dies schon vor 300 Jahren das britische Parlament mit seiner „Longitude Act" getan hat, als es damals einen Preis in Höhe von 20.000 englischen Pfund (heute einem Geldwert von mehreren Millionen DM entsprechend) ausgesetzt hat für eine praktikable Methode zur Bestimmung der geographischen Länge bei der Navigation, nachdem wieder einmal mangels einer solchen eine siegreich heimkehrende Armada an den Scillly-Inseln vor der britischen Haustüre zerschellt war.

Was das weltweit realisierbare Potential erneuerbarer Energien betrifft, so könnte, nach den Vorstellungen des Intergovernmental Panel on Climate Change, bis zur Mitte des kommenden Jahrhunderts der Beitrag erneubarer Energien zur Deckung des weltweiten Energiebedarfs um eine Menge, etwa zwanzig Prozent des derzeitigen weltweiten Energiebedarfs entsprechend, erhöht werden. Dazu müßten die weltweite Kapazität an Wasserkraftwerken durch Zubau von etwa 600 GW elektrischer Leistung verdoppelt werden, Windturbinen, solarthermische Kraftwerke und Solarzellen-Anlagen von jeweils mehreren 100 GW elektrischer Leistung installiert werden, in tropischen Gebieten Parabolspiegel-Solarwärme-Kocher mit insgesamt mehreren 100 GW Heizleistung zur dezentralen Versorgung von bis zu zwei Milliarden

Menschen mit Energie zum Kochen (als Ersatz für das heute schon fast nicht mehr vorhandene Brennholz), und – wie schon erwähnt – einige Millionen km^2 Land als Anbauflächen für Biomasse als Energie-Rohstoff rekultiviert werden.

Der insgesamt benötigte finanzielle Aufwand von vielleicht etwa 10 Billionen US $ für die Realisierung des skizzierten Potentials erneuerbarer Energien innerhalb mehrerer Jahrzehnte kann aber von den vor allem betroffenen Entwicklungsländern bei einem derzeit von ihnen insgesamt jährlich erwirtschafteten Bruttosozialprodukt von etwa 5 Billionen US $ (zum Vergleich: derzeit ca. 20 Millionen US $ in der Gesamtheit der Industrieländer) wohl kaum gedeckt werden.

Und mehr noch: Alle die genannten technischen Installationen, vom dezentralen Solarwärme-Kocher bis zum zentralen thermischen Solarkraftwerk, müssen zuallererst für die Menschen vor Ort akzeptabel und praktikabel sein. Wir müssen die Menschen in Entwicklungsländern erst dafür begeistern, sie befähigen, sich damit selbst zu helfen, ehe auch wir daraus – z. B. durch Import von Energie – Nutzen ziehen wollen.

Unser weiteres Wirtschaftswachstum in den heutigen Industrieländern wird nicht zuletzt bei allmählich rückläufigen Bevölkerungszahlen – vor allem im erwerbsfähigen Alter – und der jetzt schon sehr hohen und nicht unbegrenzt weiter zu steigernden Wirtschaftsleistung pro erwerbstätiger Person wohl sehr beschränkt bleiben. Hingegen besteht noch ein großer Freiraum für die wirtschaftliche Entwicklung heutiger Schwellen- und Entwicklungsländer, dieser auch höchstnotwendig für eine Gesundung und Stabilisierung dieser Länder. Wenn wir dazu beitragen, eröffnen wir unserer Jugend höchst wünschenswerte Freiräume für berufliche Entfaltung und Mitarbeit an der Gestaltung einer in kultureller Vielfalt blühenden weltweiten Völkergemeinschaft auf dem dazu notwendigen und tragfähigen Boden einer zur Befriedigung der Bedürfnisse des Menschen aller Länder ausreichenden und dauerhaft umweltverträglichen Technik und industriellen Wirtschaft.

Atomkern-Spaltungs-Energie

Diese Kernenergie ist genauso natürlich und auch problematisch wie fossile und erneuerbare Energien. Und lange bevor der Mensch begann, diese Energie zu nutzen, haben schon natürliche Uran-Leichtwasser-Reaktoren „gebrannt", so z. B. bei Oklo im heutigen Gabun in Westafrika vor ca. zwei Milliarden Jahren, nachdem Wasser in das poröse Gestein von Uranerz-Lagerstätten eingedrungen war und dann über 200.000 Jahre als Moderator die Kernspaltungs-

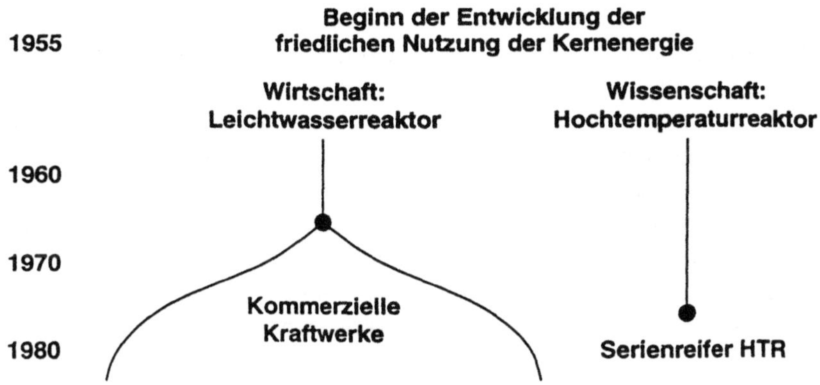

Sicherheit:

Unfallart	Leichtwasserreaktor	Hochtemperaturreaktor
Kettenreaktion	SICHER	SICHER
Nachwärmeabfuhr	GAU-RISIKO	SICHER

Abb. 9: Kernspaltungs-Energie – Entwicklung und Sicherheit

Kettenreaktion in Betrieb hielt, bis das Uran soweit abgebrannt war, daß die Kernspaltungs-Kettenreaktion wieder erloschen ist. Und was wir des weiteren aus diesen natürlichen Kernreaktoren lernen können, ist, wie schnell bzw. langsam sich die radioaktiven Zerfallsprodukte im Gestein der Lagerstätten im Lauf der vielen Jahrmillionen seither ausgebreitet haben.

Nun zur friedlichen Nutzung der Kernenergie durch den Menschen, dies erst seit wenigen Jahrzehnten (Abb. 9):

1938 wurde diese Energiequelle entdeckt.

1945 zerstörten zwei Atombomben Hiroshima und Nagasaki.

1955 fand unter dem Dach der Vereinten Nationen in Genf die erste internationale Konferenz zur friedlichen Nutzung von Kernenergie statt. Auf dieser Konferenz sprachen die USA und die Sowjetunion erstmals offen miteinander über die Nutzung von Kernenergie und eröffneten allen Staaten Möglichkeiten zur friedlichen Nutzung von Kernenergie. Damit begann in vielen Staaten, auch in Deutschland, ein Aufbruch mit Begeisterung zum neuen Ufer einer friedlichen Nutzung der Kernenergie.

Zur Entwicklung der friedlichen Nutzung von Kernenergie beschritten Wissenschaft und Wirtschaft von Anfang an – verständlicherweise – unterschiedliche Wege:

Für die *Wissenschaft* in den USA formulierte Edward Teller als Ziel die Entwicklung eines neuartigen Reaktors, der wirklich Sicherheit vor jeder Art eines großen Schadensfalls gewährleistet; denn nur ein solcher Reaktor, welcher naturgesetzlich inhärente Betriebssicherheit sowohl bezüglich der Kernspaltungs-Kettenreaktion als auch bezüglich der Nachwärme-Abfuhr gewährleistet, könnte von der Bevölkerung auf lange Sicht akzeptiert werden. Die Entwicklung neuartiger Reaktortypen kostet natürlich Zeit, was die Wissenschaft aber nicht beunruhigte.

Die *Wirtschaft* hingegen verfolgte als Ziel eine möglichst schnelle und kostengünstige Reaktorentwicklung, aufbauend auf schon verfügbarer Reaktortechnologie, hier dem Leichtwasser-Reaktor (LWR), welcher seit 1955 schon als U-Boot-Antrieb im Einsatz war.

Als auf der Seite der Wissenschaft die Entwicklung eines in jeder Hinsicht inhärent betriebssicheren Reaktors, in Deutschland in der Kernforschungsanlage Jülich der Hochtemperatur-Reaktor (HTR) Mitte der 70er Jahre, ausgereift und dieser Reaktortyp für kommerziellen Einsatz im Prinzip zu bauen war, da war der Zug der Kernenergie-Nutzung seitens der Energiewirtschaft mit dem LWR längst abgefahren. Dieser LWR wurde zum Arbeitspferd unter den Reaktortypen. Er weist hinsichtlich der Kernspaltungs-Kettenreaktion inhärente Betriebssicherheit auf, nicht aber bezüglich der Nachwärme-Abfuhr. Diese kann nur durch aufwendige Sicherheitsvorkehrungen und gut geschultes Bedienungspersonal sichergestellt werden. Dabei bleibt aber ein – wenn auch zumeist extrem kleines – Risiko eines GAU mit im Schadensfall sehr hohem Schadensausmaß.

Heute werden für kommerzielle Stromerzeugung weltweit in ca. 30 Ländern ca. 440 Kernkraftwerke – meist LWR, davon 19 in Deutschland – betrieben. Damit werden derzeit ca. 17 Prozent des weltweiten Strombedarfs gedeckt, etwa genauso viel wie weltweit aus Wasserkraftwerken.

Eine *dauerhaft* umweltverträgliche Nutzung der Kernenergie erfordert, daß für die gesamte Verfahrenskette

- von der Gewinnung von Kernbrennstoffen über
- den Betrieb von Kernkraftwerken bis zur
- Entsorgung radioaktiver Abfälle

alle Schadwirkungen auf ein tolerierbares Maß beschränkt, alle Risiken von bedrohlich hohem Schadensausmaß von vornherein vermieden werden. Technisch wäre bzw. ist dies *heute schon* in vollem Umfang möglich! Nur leider wird es bislang nicht getan.

Einer solchen dauerhaft umweltverträglichen Nutzung der Kernenergie stehen heute emotionelle und finanzielle Hindernisse im Wege: Hindernisse emotioneller Art resultieren zum einen aus einem Mangel an Ehrlichkeit bei der Information über natürliche und technische Strahlenbelastungen und über Risiken möglicher Schadensfälle, zum anderen aus zementierten partikulären wirtschaftlichen Interessen. Hindernisse finanzieller Art sind die relativ hohen Investitionskosten für Kernkraftwerke, für LWR von 3 bis 4 Milliarden DM pro elektrischer Kraftwerksleistung von 1 GW – im Vergleich dazu Investitionskosten für mit Kohle bzw. Erdgas befeuerte Kraftwerke von ca. 2 bzw. weniger als 1 Milliarde DM pro elektrische Kraftwerksleistung von 1 GW.

Und wie wird es voraussichtlich mit der friedlichen Nutzung von Kernenergie weitergehen?

In westlichen Industrieländern, wie z. B. in Deutschland und in den USA, ist derzeit allein schon aus den genannten kommerziellen Gründen kein Neubau von Kernkraftwerken geplant. Einige der Industrieländer haben den allmählichen Ausstieg aus der Nutzung der Kernenergie beschlossen. In einigen der derzeit Kernkraftwerke betreibenden Ländern wird die Laufzeit der bestehenden Kernkraftwerke durch entsprechende Wartungsarbeiten um ein bis zwei Jahrzehnte auf ingesamt 50 bis 60 Betriebsjahre verlängert. In einigen Schwellen- und Entwicklungsländern wird die Nutzung der Kernenergie ausgebaut: In China ist die Kernenergie im Aufbau, derzeit sind LWR mit insgesamt erst ca. 4 GW elektrischer Leistung in Betrieb. Planziel für das Jahr 2020 sind 40 GW, für das 2050 sogar 60 bis 100 GW. Zur Nutzung auf lange Sicht wird der HTR Jülicher Bauart weiterentwickelt. Des weiteren baut China Heizreaktoren, LWR mit Naturumlaufkühlung, u. a. für Trinkwassergewinnung durch Meerwasser-Entsalzung, dies u. a. auf Inselstaaten im pazifischen Ozean und neuerdings „vor unserer Haustüre“ in Nordafrika, in Marokko. In Südafrika wurde die Planung für den serienmäßigen Bau von HTR begonnen. Mittels der nuklearen Heizreaktoren, z. B. in Marokko, soll Trinkwasser zu Kosten von 2 bis 4 DM pro m^3 verfügbar gemacht werden.

Wenn wir in Deutschland denn schon einen Ausstieg aus der Kernenergie für unbedingt notwendig halten, so müßten wir dann auch unseren sonnenscheinreichen Nachbarn in Nordafrika solarthermische Heizwerke zur Trinkwassergewinnung über Meerwasser-Entsalzung anbieten, natürlich mit einer konkurrenzfähig preiswerten Technik. Bislang hat man in Deutschland aber nur entsprechende Anlagen ersonnen, mittels derer Trinkwasser zu Kosten von ca. 20 DM pro m^3 verfügbar gemacht werden könnte. Bei diesen Anlagen hat man – m. E. wohl vermeidbar – „High Tech“ mit „High Price“ verwechselt, eine Rolex-Uhr entwickelt statt einer Swatch.

Noch eine abschließende Bemerkung zur Kernenergie: Ich hoffe sehr, daß wir uns wieder auf eine in Deutschland früher sehr geachtete Tugend besinnen, Probleme nicht zu verdrängen, sondern zu lösen.

Atomkern-Fusions-Energie

Kernfusion ist die Energiequelle der Sterne, also auch unserer Sonne. Im Inneren der Sonne werden bei einer Temperatur von 15 Millionen Grad Wasserstoff-Atomkerne zu Helium-Atomkernen verschmolzen. Dabei wird Energie in Form von Wärme mit einer Leistung von knapp 300 Watt pro Kubikmeter Volumen im Sonnen-Inneren frei. Um Kernfusion als Energiequelle auf der Erde in Fusions-Reaktoren zu realisieren, bedarf es aber wegen der im Vergleich zur Sonne sehr kleinen möglichen Volumina von Fusionsöfen und entsprechend hohen Wärmeverlusten nach außen einer etwa 10mal höheren Temperatur und einer etwa 10.000 mal höheren Wärmeleistungs-Dichte als in der Sonne. Und dies macht unseren Ingenieuren und Materialwissenschaftlern derzeit noch schier unüberwindbare Schwierigkeiten.

Bislang ist nur festzuhalten, daß heute noch nicht erwiesen ist, ob die Atomkern-Fusion in technischen Anlagen auf der Erde überhaupt realisiert werden und gegebenenfalls dann zur Wirtschaftlichkeit gebracht werden kann. Nur bei zügiger Weiterentwicklung und Erprobung der verschiedenen Optionen könnte die Atomkern-Fusion günstigstenfalls frühestens im Verlauf der zweiten Hälfte des inzwischen angebrochenen Jahrhunderts als nutzbare Energiequelle verfügbar werden. Immerhin wurden im Juli des Jahres 1999 auf einer „Fusion Summer Study“ in den USA *erstmals alle* Fusions-Energie-Optionen (einerseits Magnetfeld-Einschluß des Fusions-Plasmas in TOKAMAK- und STELLERATOR-Anlagen, andererseits Trägheits-Einschluß durch allseitigen Beschuß kleiner Tröpfchen von Fusions-„Brennstoffen“ entweder mit LASER oder mit Röntgen-Strahlen oder mit Schwerionen-Strahlen) zusammen abgeklopft und miteinander verglichen, um eine möglichst gute Strategie für die Weiterentwicklung dieser Technologien finden zu können.

Verantwortung

Wir tragen Verantwortung zum einen für Abhilfe bei den bereits erkannten Energie-Problemen

- bei Verbrennung fossiler Energieträger, vor allem das Klima-Risiko mit bedrohlicher Schadwirkung in globalem Ausmaß;

Jahre	10 000	wenige 100 bis heute	einige 1 000	danach
Energie pro Person und Tag [kWh]	20	200[a] ⋮ 20[b]	200	
Weltbevölkerung	0.01 → 1	→ 6 →	8 → 10 / 8 / 4	
Weltweiter jährl. Energiebedarf [Bill. kWh]	10	100	150	
Energiequellen	Erneuerbare	Erneuerbare FOSSILE Kernspaltung	Erneuerbare - Kernspaltung Kernfusion ???	Erneuerbare - - Kernfusion ???

[a] Industrieländer
[b] Entwicklungsländer

Abb. 10: Energie – Bedarf und Deckung gestern, heute und in ferner Zukunft

- bei Kernspaltungs-Energie, vor allem dem GAU-Risiko mit bedrohlicher Schadwirkung in regionalem Ausmaß;

zum anderen für eine künftige, *ausreichende und dabei dauerhaft umweltverträgliche* Bereitstellung und Nutzung von Energie (Abb. 10).

Früher mußten und konnten wir unseren gesamten Energiebedarf nur mit erneuerbaren Energien decken, dies allerdings nicht immer umweltverträglich. Heute decken wir unseren Energiebedarf dominant mit fossilen Energien und – im Strom-Sektor – teilweise in beachtlichem Umfang auch mit Kernenergie. Erneuerbare Energien spielen in den meisten Industrieländern nur eine bescheidene Rolle. Dabei müssen wir aber erkennen, daß spätestens in wenigen 100 Jahren – eine relativ kurze Zeitspanne im Vergleich mit 10.000 Jahren bisheriger Menschheitsgeschichte – uns nur noch erneuerbare Energien und Kernenergie verfügbar sein werden und in wenigen 1.000 Jahren nur noch erneuerbare Energien, so es uns nicht gelingen wird, Kernfusions-Energie verfügbar zu machen.

Was hält uns heute eigentlich davon ab, schon in möglichst naher Zukunft unseren Energiebedarf wieder vollständig aus erneuerbaren Energien zu decken? Allein das Dargebot an Sonnenenergie würde doch ausreichen, den

Energiebedarf der Menschen in fast beliebiger Höhe zu decken. Zwei Tatsachen stehen dem entgegen: Zum einen gibt es zwar primärseitig genug erneuerbare Energien. Aber der technische und finanzielle Aufwand, diese erneuerbaren Primär-Energien in die von uns benötigten Energieformen – Strom, Wärme, Treibstoffe – umzuwandeln und diese Energien dann zu jeder Zeit, Tag und Nacht, im Sommer wie im Winter, immer ausreichend verfügbar zu haben, ist weitgehend unvermeidlich so hoch, daß wir – unsere heutige hohe Wirtschaftskraft auch künftig vorausgesetzt – dies nur über sehr lange Zeiträume von vielleicht etwa hundert Jahren realisieren könnten.

Zum anderen haben wir heute die Kernspaltungs-Energie verfügbar. Und viele Nationen wollen und werden sie auch weiterhin, oft noch in steigendem Umfang nutzen. Es steht uns Deutschen natürlich frei, künftig auf diese Kernenergie zu verzichten. Aber es steht uns nicht zu, anderen Nationen unsere Haltung aufoktroyieren zu wollen. Wohl aber würde es uns anstehen, selbst in vorbildlicher und nachahmenswerter Weise die Bereitstellung und Nutzung erneuerbarer Energien

- auf einladend überschaubare technische Art,
- sicher und umweltverträglich
- und – eine conditio sine qua non – bezahlbar kostengünstig

attraktiv zu demonstrieren. Nur so werden wir andere von der Nützlichkeit dieser Art Energietechniken überzeugen, nur so öffnen wir unserer Wirtschaft dafür neue, lukrative Märkte.

Konzentrieren wir uns nun einmal auf die Deckung des künftigen Energiebedarfs in Deutschland zu einer heute noch fernen Zeit, wenn uns entweder zumindest Erdöl und Erdgas nicht mehr reichlich verfügbar sein werden, oder wenn wir – was ich natürlich hoffe – verantwortungsbewußt die weitere Verbrennung aller fossilen Energieträger schon vorher drastisch eingeschränkt haben werden (Abb. 11), dies zur Eindämmung, Vermeidung des Risikos, bei weiterer Erwärmung im Treibhaus Erde unseren Lebensraum durch einen Klimawandel zu raschen Klimafluktuationen drastisch zu verschlechtern.

Heute decken wir unseren Bedarf an Treibstoffen, Wärme und Strom noch weitgehend, partiell vollständig aus fossilen Energieträgern, diese zumeist importiert. Wir werden auch in fernerer Zukunft einen hohen Bedarf an Treibstoffen, Wärme und Strom haben, in ähnlicher Höhe wie derzeit. Und diesen Bedarf gilt es klima- und umwelterhaltend zu decken. Was unseren Strombedarf betrifft, so werden wir auch bei weitestgehender Ausschöpfung aller im eigenen Land verfügbar zu machenden erneuerbaren Energien immer noch etwa drei Viertel des Bedarfs mittels Wärmekraftwerken decken müssen, diese im eigenen Land mit Kohle und/oder mit Kernenergie beheizt, in äquatornahen Trockenzonen Nordafrikas mit Solarstrahlung. (Vielleicht werden wir

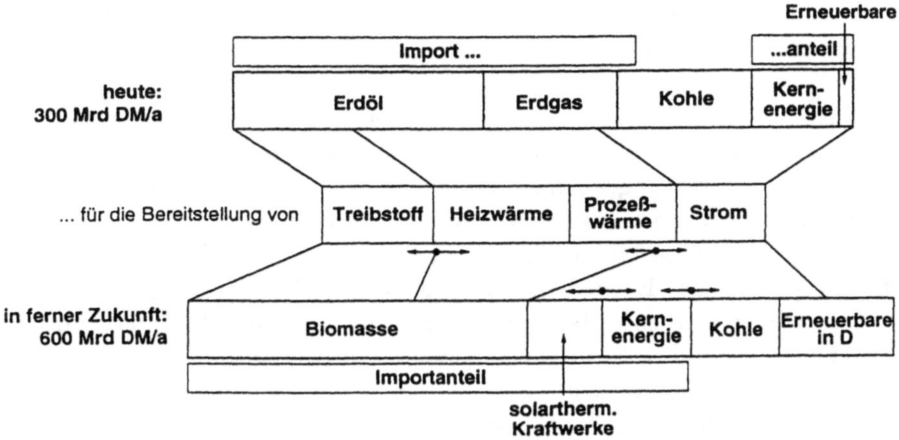

Abb. 11: Deckung des Energiebedarfs in Deutschland nach Primärenergie-Trägern und Sekundärenergie-Arten

in ferner Zukunft auch noch mit Kernfusions-Energie Strom erzeugen.) Eine weitere Möglichkeit, nämlich Strom zu beliebiger Zeit an beliebigem Ort bereitzustellen mittels Brennstoffzellen, diese betrieben mit Wasserstoff, welcher zuvor unter Einsatz von Strom durch Elektrolyse von Wasser erzeugt, dann verflüssigt, transportiert und gespeichert wurde, wird wohl angesichts der unvermeidlich hohen Kosten der Kette Strom – Elektrolyse – Wasserstoff – Brennstoffzelle – Strom bestenfalls auf die Deckung kurzzeitiger Stromlast-Spitzen beschränkt bleiben.

Was die Deckung unseres künftigen Bedarfs an Treibstoffen betrifft, so kennen wir als nichtfossile Treibstoff-Alternativen nur Biosprit und Wasserstoff.

Biosprit, wie z. B. Methanol, – geeignet als Treibstoff in Kraftfahrzeugen mit Verbrennungsmotoren oder mit Brennstoffzellen-Elektromotor-Antrieb – könnten wir aus Biomasse erzeugen, sofern wir zur Ernte einer ausreichenden Menge dieser nachwachsenden Ausgangsstoffe in anderen Ländern, anderen Kontinenten dafür ausreichend große Anbauflächen – wohl nur durch aufwendige Rekultivierung heute degradierter, arider Gebiete – verfügbar machen werden können.

Die Alternative Wasserstoff als künftiger Treibstoff in großem Umfang scheint mir – solange wir diesen Wasserstoff über Elektrolyse mittels sehr hohem Aufwand an Strom erzeugen müssen (für Wasserstoff mit einem Brennwert in Höhe unseres heutigen Treibstoffverbrauchs mindestens das

Doppelte unseres heutigen Stromverbrauchs) – weder technisch realisierbar noch bezahlbar zu sein.

Was können wir zur Realisierung dieser genannten Optionen, vor allem zur Deckung unseres künftigen Bedarfs an Strom und Treibstoffen, tun?

Wir Physiker und Ingenieure könnten z. B. endlich leistungsfähige Batterien entwickeln, in welchen man fünf- bis zehnmal mehr elektrische Energie pro Batterie-Gewicht speichern kann als in unseren heute üblichen Blei-Akkus. Damit würden auch Elektro-Autos attraktiver werden.

Die Direkt-Methanol-Brennstoffzelle könnte einen effizienten, kostengünstigen Antrieb von Kraftfahrzeugen über Elektromotoren – als Alternative zu heutigen Verbrennungsmotoren – ermöglichen, unter Wahrung aller heute gewohnten Bequemlichkeiten und Leistungsfähigkeiten unserer Kraftfahrzeuge.

Hinsichtlich der Sicherheitstechnik heutiger Kernkraftwerke sind wir *noch* weltweit führend. Die zukunftsweisende Technologie eines betriebsmäßig in jeder Hinsicht inhärent sicheren Kernreaktors, nämlich des Hochtemperatur-Reaktors, HTR, wurde in Deutschland in Jülich entwickelt und zur kommerziellen Reife gebracht.

Was gebieten uns in dieser Hinsicht Verantwortung und Vernunft?
(Dies möchte ich heute als Frage stehen lassen.)

Wir in Nordrhein-Westfalen können in Zusammenarbeit von Wissenschaft, Politik und (Strom-)Wirtschaft, aufbauend auf der in Deutschland bereits hoch entwickelten Technik thermischer Solar-Turm-Kraftwerke mit praktikablen Wärmespeichern zur Solarstrom-Erzeugung rund um die Uhr, z. B. in Nordafrika, auf den Weg bringen, im Lauf weniger Jahrzehnte zu kommerzieller Attraktivität ausreifen, um dann Strom in großem Umfang – über Hochspannungsfernleitungen mit nur geringen Stromverlusten – importieren zu können. Länder, wie z. B. Ägypten, haben bereits ihre Bereitschaft kundgetan, mit unserer Hilfe in ihrem Land solarthermische Kraftwerke aufzubauen. Wir können auch – nicht zuletzt mit Blick auf die nächste Aufgabe einer künftigen Treibstoff-Gewinnung – die Technik der Meerwasser-Entsalzung zur Trinkwasser-Gewinnung mittels Solarwärme zu kommerzieller Reife bringen.

Wir in Deutschland könnten in Zusammenarbeit weit gefächerter Wissenschaft, Politik und (Erdöl-)Wirtschaft den Weg einer künftigen Gewinnung von Treibstoff auf Bio-Basis in großem Umfang durch Rekultivierung heute arider Zonen, ggf. in afrikanischen Wüstenrandgebieten, erproben und diese Option vielleicht noch vor den japanischen Bemühungen in Australien realisierbar machen.

Wir **Physiker und Ingenieure**	**Hochleistungsbatterien** **Direkt-Methanol-Brennstoffzelle** **Sicherheit in der Kernenergienutzung (Hochtemperaturreaktor)**
Wir in NRW: **Physiker und Ingenieure** **+ Politik** **+ Energiewirtsch. (Strom)**	**Thermische Solarkraftwerke (mit Wärmespeicher) zur Stromerzeugung in Nord-Afrika -> Hochspannungsleitung -> Europa** **Trinkwasser mit Solarwärme**
Wir in Deutschland: **Wissenschaft** **- Klima** **- Landwirtschaft** **- Chemie/Ingenieurwesen** **- Geo-/Wirtschaftswiss.** **+ Politik** **+ Energiewirtsch. (Erdöl)**	**Rekultivierung großer arider Gebiete** **(vorübergeh.) künstliche Bewässerung** **Landwirtschaft: Biomasseproduktion** **Methanol als Treibstoff**

Abb. 12: Maßnahmen zur Einführung von Alternativen für die Bereitstellung und Nutzung von Energie in Deutschland

Wenn wir die Realisierung all dieser Optionen angehen, eröffnen wir damit unserer Jugend die besten Fitneß-Studios, nämlich zukunftsträchtige Betätigungsfelder, auf denen sie mit vollem Engagement ihre Leistungsfähigkeit beweisen kann. Wir weiten uns allen die Tore, ebnen uns allen den sicherlich noch mühsamen Weg zu einer von Natur- und Kulturwissenschaften gleichermaßen geprägten menschlichen Gesellschaft – ganz im Sinne unseres Ministerpräsidenten Wolfgang Clement: „Naturwissenschaften sagen uns, was die Menschen können, Kulturwissenschaften sollten uns sagen, was die Menschen sollen". Und in diesem Sinne von Verantwortung muß in jedem von uns als Lebensmotor sowohl ein naturwissenschaftliches Herz als auch ein kulturwissenschaftliches Herz schlagen. Nur eine von Natur- und Kulturwissenschaften gleichermaßen geprägte menschliche Gesellschaft kann schließlich die ganze globale Völkergemeinschaft mit ihrer Vielfalt an unterschiedlichen Kultur-, Wirtschafts- und Lebensräumen der einzelnen Völker auf der uns alle verbindenden Erdkugel human zusammenhalten.

Aber dazu müssen wir u. a. noch bzw. wieder lernen, unsere heute allzu kurzzeit-orientierten Strategien durch langzeit-orientierte Strategien zu ersetzen. Nur so können wir nämlich den wahren Gewinn all unseres Tuns, Wirtschaftens, nicht nur aber auch den monetären Gewinn, maximieren. Wir müssen aber auch lernen, das Tempo von Wirtschaftswachstum, von Leistungssteigerungen der Menschen und von Anpassungsfähigkeit der Menschen an Veränderungen, an erhöhte Anforderungen mit dem intellektuellen Vermögen der Menschen abzustimmen, das intellektuelle Vermögen der Menschen beginnend mit der Erziehung im Elternhaus und in den Schulen zu stärken.

Bei der Lösung – nicht nur, aber auch – der globalen Energiefrage stehen wir alle in der Verantwortung:

Die Wissenschaften von Natur, Technik und Wirtschaft sowie Bildungseinrichtungen tragen Verantwortung bzw. stehen in der Pflicht, die physikalischen, technischen und wirtschaftlichen Möglichkeiten der Bereitstellung und Nutzung von Energie umfassend qualitativ und quantitativ glaubwürdig verständlich zu machen, von Widersprüchen zu befreien und damit Vertrauen in die technischen Möglichkeiten und Notwendigkeiten zu schaffen.

Die Medien tragen Verantwortung bzw. stehen in der Pflicht, das von der Wissenschaft verfügbar gemachte Wissen der angesprochenen Bevölkerung korrekt, klar und sachlich in angemessener Vollständigkeit zu vermitteln.

Jeder Bürger trägt die Verantwortung, die ihm angebotenen Informationen anzunehmen und zu bedenken, daraus für sich ein umweltbewußtes, auf kleinstmöglichen Energieverbrauch und geringstmögliche Umweltbelastungen ausgerichtetes Verhalten zu gestalten und hinsichtlich seiner Ansprüche Maß zu halten.

Gesellschaftliche Gruppen, allen voran religiöse Gemeinschaften und politische Parteien, tragen im Rahmen ihrer spezifischen Aufgaben Verantwortung, u. a.

- den Bürger zu unterstützen, Einsicht – hier in die Energiefrage in ihrer vollen Breite – zu gewinnen,
- zum Abbau von Polarisierungen in der Gesellschaft, welche die Realisierung notwendiger Problemlösungen hemmen, beizutragen.

Die Politik (national und international) trägt Verantwortung bzw. steht in der Pflicht,

- im Rahmen von Bildungs- und Forschungspolitik für einen der Energie-Thematik angemessenen Unterricht in *allen* Bildungsstätten zu sorgen,
- im Rahmen von Forschungs- und Wirtschaftspolitik für eine der Energie-Problematik angemessene Weiterführung der Forschung auf *allen* Energie-

Sektoren bis hin zur Einführung neuer praktikabler Energie-Technologien in den Markt zu sorgen,

- im Rahmen der Wirtschaftspolitik – dort wo die Wirtschaft allein gelassen, wohl oder übel nur an vordergründiger, kurzfristiger Kostenminimierung orientiert, die Aufgabe einer künftig umwelterhaltenden Bereitstellung und Nutzung von Energie nicht bewältigen kann – einen rechtlichen Rahmen zu zimmern, Weichen zu stellen, für eine dauerhaft umwelterhaltende Bereitstellung und Nutzung von Energie unter gleichzeitiger Reduktion des künftigen Verbrauchs fossiler Brennstoffe in notwendigem Umfang, dies zunächst national, dabei aber auch die Einbindung z. B. in Europa und die weltweite Wirtschaft berücksichtigend.

Die Wirtschaft trägt Verantwortung bzw. steht in der Pflicht, im ihr von der Politik vorgegebenen rechtlichen Rahmen hier für eine dauerhaft umweltverträgliche Bereitstellung und Nutzung von Energie Sorge zu tragen.

Nachdem wir nun schon mal vom Baum der Erkenntnis gegessen haben (und dies auch immer noch mit Genuß und Heißhunger tun), nachdem wir uns schon früh und wohl etwas voreilig zum „homo sapiens" ernannt haben, nachdem wir uns bislang auch noch in sehr kurzer Zeit auf sechs Milliarden Menschen vermehrt haben, und nachdem wir inzwischen durch unser allzu natürliches Tun mit all den ausufernden Eingriffen in die Natur Gefahr laufen, die Tragfähigkeit der Erde zu überlasten und uns dadurch selbst das Grab zu schaufeln, sollten wir endlich als homo sapiens all unser Tun verantwortungsbewußt und moralisch gefestigt dauerhaft umweltverträglich gestalten, unsere Eingriffe in die Natur begrenzen und ausbügeln – wahrlich ein Novum in der Geschichte der menschlichen Entwicklung. Nur wenn uns diese verantwortungsbewußte und moralisch gefestigte Stabilisierung unseres Tuns gelingt, und wenn nicht uns, dann hoffentlich wenigstens unseren Kindern gelingen wird, nur dann werden wir vom Zauberlehrling, der wir heute noch sind, zum Meister, der die Geister nicht nur ruft, sondern sie auch beherrscht.

Literatur

Bundesanstalt für Geowissenschaft und Rohstoffe (Hrsg.): „XVII: Reserven, Ressourcen und Verfügbarkeit von Energierohstoffen 1998", Hannover, 1999

H. W. Schiffer: „Energiemarkt Deutschland", TÜV-Verlag, Köln, 1999

K. Heinloth: „Die Energiefrage", Verlag Vieweg, Wiesbaden, 1997

M. Kaku: „How Science Will Revolutionize the 21st Century", Doubleday Publ., New York, 1997 (deutsche Ausgabe: „Zukunftsvisionen", Lichtenberg Verlag, München, 1998)

N. Meyers: „GAIA, an Atlas of Planet Management", Doubleday Publ., New York, 1993

Hans Günther (W. De Haas): „In 100 Jahren: Die kunftige Energieversorgung der Welt", Kosmos-Franckh'sche Verlagsbuchhandlung, Stuttgart, 1931

Veröffentlichungen
der Nordrhein-Westfälischen Akademie der Wissenschaften

Neuerscheinungen 1993 bis 2000

Vortrage N *Heft Nr.*		NATUR-, INGENIEUR- UND WIRTSCHAFTSWISSENSCHAFTEN
401	*Gerhard Heimann, Aachen*	Medikamentose Therapie im Kindesalter
	Egon Macher, Munster/Westf.	Die Haut als immunologisch aktives Organ
402	*Konstantin-Alexander Hossmann, Koln*	Mechanismen der ischamischen Hirnschadigung
	Herrmann M Bolt, Dortmund	Zur Voraussagbarkeit toxikologischer Wirkungen: Kanzerogenitat von Alkenen
403	*Volker Weidemann, Kiel*	Endstadien der Sternentwicklung
	Alfred Muller, Erlangen	Quantenmechanische Rotationsanregungen in Kristallen
404	*Matthias Kreck, Mainz*	Positive Krummung und Topologie
405	*Benno Parthier, Halle*	Problemfelder der zusammengefugten deutschen Wissenschaftslandschaft
	Erhard Hornbogen, Bochum	Kreislauf der Werkstoffe
406	*Hubert Markl, Konstanz, Berlin*	Wissenschaftliche Eliten und wissenschaftliche Verantwortung in der industriellen Massengesellschaft
407	*Joachim Trumper, Garching*	Was der Rontgensatellit ROSAT entdeckte
	Dietrich Neumann, Koln	Okologische Probleme im Rheinstrom
408	*Wilfried Werner, Bonn*	Recycling biogener Siedlungsabfalle in der Landwirtschaft
409	*Holger W. Jannasch, Woods Hole MA*	Neuartige Lebensformen an den Thermalquellen der Tiefsee
410	*Hartmut Zabel, Bochum*	Epitaxielle Schichten: Neue Strukturen und Phasenubergange
	Eckart Kneller, Bochum	Der Austauschfeder-Magnet· Ein neues Materialprinzip fur Permanentmagnete
411	*Brigitte M. Jockusch, Braunschweig*	Architekturelemente tierischer Zellen
412	*Alfred Fettweis, Bochum*	Numerische Integration partieller Differentialgleichungen mit Hilfe diskreter passiver dynamischer Systeme
413	*Ernst Bayer, Tubingen*	Theorie und Praxis der Niedertemperaturkonvertierung zur Rezyklisierung von Abfallen
	Hansjorg Sinn, Hamburg	Wertstoff- und Energie-Ruckgewinnung aus hochkalorigen Abfallstoffen wie Altreifen und Kunststoff-Schrott
414	*Wolfgang Priester, Bonn*	Uber den Ursprung des Universums· Das Problem der Singularitat
415	*Wilhelm Stoffel, Koln*	Serendipity: Eine neue Glutamat-Neurotransmitter-Transporter-Familie und ihre pathogenetische Bedeutung
416	*Dieter Richter, Julich*	Viskoelastizitat und mikroskopische Bewegung in dichten Polymersystemen
417	*Hans Mohr, Freiburg*	Waldschaden in Mitteleuropa – was steckt dahinter?
418	*Matthias Mertmann, Bochum*	Greifmechanismus aus neuen Verbundwerkstoffen mit Zweiweg-Formgedachtnis
	Wolfgang Gartner, Mulheim a d Ruhr	Die Funktion biologischer photosensorischer Pigmente
419	*Fritz Vogtle, Bonn*	Neue Catenane und Rotaxane in der Supramolekularen Chemie
	Andreas Stork, Julich	Windkanalanlage zur Bestimmung der gasformigen Verluste von Umweltchemikalien aus dem System Boden/Pflanze unter feldnahen Bedingungen
	Heinrich Ostendarp, Aachen	Entwicklung neuer Bildaufzeichnungs- und Auswertungstechniken fur die holografische Interferometrie
420	*Martin Jansen, Bonn*	Wege zu Festkorpern jenseits der thermodynamischen Stabilitat
421	*Hans-Werner Sinn, Munchen*	Volkswirtschaftliche Probleme der Deutschen Vereinigung
422	*Konrad Sandhoff, Bonn*	Glykolipide der Zelloberflache und die Pathobiochemie der Zelle
423	*Hanns Weiss, Dusseldorf*	Die mitochondrialen Atmungsketten-Komplexe: Funktion und Fehlfunktion bei neurodegenerativen Erkrankungen
424	*Klaus Hahlbrock, Koln*	Krankheitsresistenz bei Pflanzen Von der Grundlagenforschung zu modernen Zuchtungsmethoden

425	*Wolfgang Krätschmer, Heidelberg*	Fullerene und Fullerite – neue Formen des Kohlenstoffs
	Manfred Thumm, Karlsruhe	Gyrotrons – Moderne Quellen für Millimeterwellen höchster Leistung
426	*Hans Elsässer, Heidelberg*	Neue Wege und Ziele astronomischer Forschung
427	*Manfred T. Reetz, Mülheim an der Ruhr*	Größenselektive Synthese von Nanostrukturierten Metall-Clustern
	Heinz Mehlhorn, Düsseldorf	Parasiten: Ihre Bedeutung heute
428	*Günter Spur, Berlin*	Innovation, Arbeit und Umwelt – Leitbilder künftiger industrieller Produktion
	Rainer Jaenicke, Regensburg	Strukturbildung und Stabilität von Eiweißmolekülen
429	*Ulrich Dilthey, Aachen*	Technischer Einsatz von Personal Computern (PC) am Beispiel der Schweißtechnik
	Helmuth Steinmetz, Düsseldorf	Zerebrale Links-Rechts-Asymmetrie. Struktur, Funktion, Entstehung
	Alois Fürstner, Mülheim an der Ruhr	Metallaktivierung am Beispiel Titan. Von den morphologischen Grundlagen zu Anwendungen in der Wirkstoffsynthese
430	*Hartwig Höcker, Aachen*	Implantatwerkstoffe – Versuche zur Erzielung von Biokompatibilität
	Rolf Chini, Bochum	Die Bildung von Planeten in zirkumstellaren Scheiben
431	*Dietrich Uebing, Stuttgart*	Sicherheitstechnik, Umweltschutz und Ressourcenschonung
	Wolfgang Mathis, Wuppertal	Die begrifflichen Grundlagen der Netzwerk- und Systemtheorie
432	*Jörg Baetge, Münster*	Empirische Methoden zur Früherkennung von Unternehmenskrisen
433	*Klaus Knizia, Herdecke*	Schöpferische Zerstörung = zerstörte Schöpfung? Die Industriegesellschaft und die Diskussion der Energiefrage
434	*Ekkehard Schulz, Duisburg*	Innovation bei der Stahltechnologie
	Peter Neumann, Düsseldorf	Das Entwicklungspotential von Stählen
435	*Carl Christian von Weizsäcker, Köln*	Wirtschaftliche Effizienz und gerechte Verteilung
	Hans-Jürgen Haubrich, Aachen	Aspekte zentraler und dezentraler Stromerzeugung im europäischen Verbundsystem
436	*Hans Müller, Jena*	Ein periodisches System für Metall-Cluster
437	*Urs Schweizer, Bonn*	Der dritte Hauptsatz der Wohlfahrtstheorie
	Helmut Lütkepohl, Bonn	Stabilität der Geldnachfrage in der Bundesrepublik Deutschland
438	*Kurt Kugeler, Jülich*	Die sicherheitstechnischen Prinzipien der Kerntechnik
	Harald Günther, Siegen	Stand und Zukunft der magnetischen Kernresonanzmethoden
439	*Hans Wolfgang Spiess, Mainz*	Dynamische Phänomene in Festkörpern und Polymeren
	Walter Leitner, Mülheim/Ruhr	Chemische Synthese in überkritischem Kohlendioxid: Die „bessere Lösung"?
440	*Ernst Th. Rietschel, Borstel*	Bakterielle Endotoxine
	Franz Ulrich Hartl, Martinsried	Proteinfaltung in der Zelle
441	*Herbert Palme, Köln*	Meteorite und die Bildung der inneren Planeten des Sonnensystems
	Stefan H. Kaufmann, Berlin	Immunität und Infektion
442	*Ernst Helmstädter, Münster*	Gerechtigkeit und Fairneß in Wirtschaft und Gesellschaft
	Wolfram F. Richter, Dortmund	Entstaatlichungspotentiale im Hochschulbereich
443	*Hartmut Löwen, Düsseldorf*	Theorie der kolloidalen Systeme
	Wolfgang Marquardt, Aachen	Modellgestützte Entwicklung verfahrenstechnischer Prozesse
444	*Hans Walter Staudte, Würselen*	Computergestützte Operationsplanung und -technik in der Orthopädie mit CT-abgeleiteten individuellen Bearbeitungsschablonen
445	*Wolfgang Lerche, Genf*	Recent Developments in String Theory
446	*Michael Teuber, Zürich*	Gentechnik für Lebensmittel und Zusatzstoffe
	Ludger Honnefelder, Bonn	Novel Food – Zu den ethischen Aspekten der gentechnischen Veränderung von Lebensmitteln
447	*Walter Schaffner, Zürich*	Wie werden unsere Gene ein- und ausgeschaltet?
	Otto Spaniol, Aachen	Mobilfunk und Sicherheit – (Wie) Passt das zusammen?
448	*Friedel H. W. Hoßfeld, Jülich*	Komplexität und Berechenbarkeit: Über die Möglichkeiten und Grenzen des Computers
449	*Thomas Ruzicka, Düsseldorf*	Entzündungsreaktionen der Haut: Von der Pathophysiologie zu neuen Therapieansätzen

GPSR Compliance
The European Union's (EU) General Product Safety Regulation (GPSR) is a set of rules that requires consumer products to be safe and our obligations to ensure this.

If you have any concerns about our products, you can contact us on

ProductSafety@springernature.com

In case Publisher is established outside the EU, the EU authorized representative is:

Springer Nature Customer Service Center GmbH
Europaplatz 3
69115 Heidelberg, Germany

www.ingramcontent.com/pod-product-compliance
Lightning Source LLC
LaVergne TN
LVHW082053051026
849532LV00011B/3586
* 9 7 8 3 5 3 1 0 8 4 5 0 3 *